# Goldgräberworte

von

## Hz. Mevlânâ Jelâleddin Rûm-î

übersetzt aus

Hz. Mevlana`Dan Güzel Sözler
einer Festschrift zum 800. Geburtstag des Autors

Verlag Petama Project, Zürich

Füchslin Puran

# Goldgräberworte
## von Hz. Mevlânâ Jelâleddin Rûm-î

übersetzt aus:
Hz. Mevlana`Dan Güzel Sözler
einer Festschrift zum 800. Geburtstag des Autors

Zürich: Verlag Petama Project, Zürich, 2016

| | |
|---|---|
| Veröffentlicht durch: | Petama Project, Puran Füchslin |
| | Kanzleistrasse 151, 8004 Zürich |
| | Email: puran@petama.ch |
| | www.petama.ch |
| Gestaltung und Layout: | Petama Project, Zürich |
| Herstellung: | Books on Demand, Norderstedt |
| | www.bod.de |

1. Auflage by Petama Project
Copyright © 2016 Puran Füchslin

ISBN 978-3-907643-24-2

Bibliografische Information der Deutschen Nationalbibliothek:
Die Deutsche Nationalbibliothek verzeichnet diese Publikation
in der Deutschen Nationalbibliografie; detaillierte bibliografische Daten
sind im Internet über http://dnb.d-nb.de abrufbar.

# Vorwort

'Goldgräberworte' sind Aphorismen von Hz. Mevlânâ Jelâl-eddin Rûm-î. Zum 800. Geburtstag des grossen Sufis kam in der Türkei eine Festschrift heraus mit dem Namen Hz. Mevlana´Dan Güzel Sözler - so sieht das Original aus:

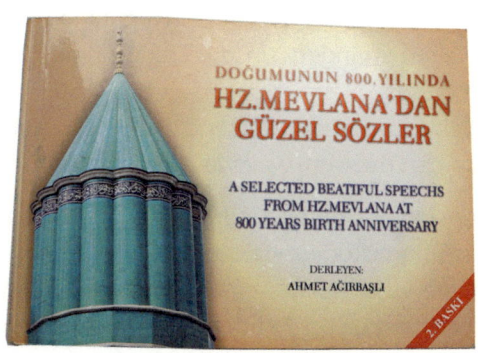

Acht Jahre später schenkte mir ein lieber Freund ein Exemplar davon, und ich trug es mit mir, versuchte, die englische Übersetzung im Original zu verstehen. 'Güzel Sözler' bedeutet 'Schöne Worte'; und im Verlaufe der ersten neun Monate dieses Jahres 2016 begann ich, die Bedeutung dieser Worte herauszuwaschen, wie Goldgräber dies taten in den Pionierzeiten der USA.

Heute gibt es ja eine Schweizer Website, die Goldwäscherkurse als Freizeitbeschäftigung anbietet (http://goldwaschen.ch) - da können wir die Techniken erlernen, es gibt einen Waschkalender, ein Vereinswaschen und eine Europameisterschaft, Reglemente und Golden Links.

Das war die Methode. Wenn Ihr, liebe Leser, vertrauter seid mit der türkischen Sprache als ich, so vergebt mir bitte, wenn sich noch Sandkörner unter den goldenen Worten befinden sollten - sie sind meiner Unzulänglichkeit zuzuschreiben, nicht den Worten Hz. Mevlânâs.

Ich möchte Euch an einem Beispiel beschreiben, woraus diese Goldwäscherarbeit bestand. Wir kennen ja solche kurzen, prägnanten Sätze gut bei uns in der Schweiz, zum Beispiel:

**'De Joggeli sött go Birli schüttle,**
**und d'Birli wänd nöd falle.'**

Wie würden wir einem der vielen Flüchtlinge, die hier zwischen den Welten stranden, unsere Freude über den Witz und die Präzision dieses Satzes erklären? Er beinhaltet ja schon fast ein halbes Schweizerleben, tausend Dinge, die wir gar nicht mehr beschreiben müssen, weil wir diesen einen Satz haben.

Im Herzen jedes Landes sind solche Sätze verankert, und uns wird kein Sprachstudium nützen, die Fülle des Inhaltes wiederzugeben, die so ein 'schönes Wort' für jemanden bedeuten kann, der im Herzen dieses Landes aufgewachsen ist.

So beschreibe ich Euch hier, was mir an Rohmaterial zur Verfügung stand, was sich in Pfannen und Waschsieben sammelte. Ausgangspunkt ist das Original auf Türkisch (Hz. Mevlânâ Rûm-î selber sprach ja Farsi und Arabisch, er war vertraut mit Medizin, Architektur, Astronomie, Mathematik - wie alle Gelehrten seiner Zeit. Seine Schriften sind in diesen Sprachen abgefasst, er wurde in Konya 'der Ausländer' genannt)

**Ayıpsız dost arayan, dostsuz kalır.**

Die englische Übersetzung im Büchlein lautet:

**One who prefers friend without having shame,**
**he can become alone without having friend.**

Um dem Verständnis der türkischen Sprache näher zu kommen, töggelte ich zum Vergleich den gleichen Satz in Google ein:

**Ich suche freundliche nicht defekt, es bleibt friendless.**

Der nächste Versuch: Ich gab jedes einzelne Wort ein in den Google-Übersetzer, hier die Resultate:

Ayıpsız - anständig, makellos, nicht defekt
dost - Freund
arayan - Sucher
arayış - Substantiv - Suche
dostsuz - unbefriended
yurtsuz - heimatlos
susuz - wasserlos
susuz - wasserarm
kalır - Überreste
kalıp - Schusterleisten, Schablone
kalın - dick, tief, dickflüssig,
dunkel, beschränkt, schwer von Begriff

Ich habe wunderbar viel gelernt während diesen neun Monaten, wie facettenreich die türkische Sprache ist, welch riesigen Wortschatz sie umfasst, wie subtil wir eigentlich hinhören müssten, bevor wir sagen können: 'Ich verstehe die Menschen, deren Muttersprache Türkisch ist.' Und wie Tausende von Unzulänglichkeiten in meinem Verständnis mich vielleicht trotzdem in die Nähe der Pfade gelenkt haben, von denen ich denke, dass sie mir den Sinn eines 'Schönen Wortes' enthüllt hätten.

Wenn Ihr, liebe Freunde, spürt, dass es 'nach Sand knirscht beim Lesen', wascht vielleicht noch etwas nach im Sieb - vielen Dank für Eure Liebe und Nachsicht. Ein paar wenige Aphorismen habe ich weggelassen - trotz allem Waschen und Sieben knirschte es nur, und da habe ich kapituliert.

Aber sehr oft blitzte die Schönheit und Klarheit Hz. Mevlânâs durch, und die Einfachheit seiner Bilder leuchten auf. Wie einen Diamanten können wir sie aus verschiedenen Blickwinkeln betrachten, immer neue Aspekte blitzen hervor. Es ist unsere Arbeit, Schönheit im Inneren freilegen zu wollen. Zu jedem Aphorismus habe ich den Titel auf Türkisch so belassen.

*       *       *

Es gibt eine Reihe von Dingen, für die schäme ich mich; über uns, wovon wir ausgehen, bevor wir hinschauen, verstehen wollen, wie leicht wir andere 'Verhaltensweisen' schon unseren Beurteilungen ausgesetzt haben, wie wenig wir ausserhalb dieses Rasters Subtiles, Lebendiges, Menschliches wahrnehmen können.

Wofür ich zutiefst dankbar bin, ist dieses kleine Geschenk eines 'Dost' - herzlichen Dank, lieber Necati; Du kannst mir das Mitfühlen und Verstehen nahe bringen, in einer Sprache und Kultur, in der ich nicht aufgewachsen bin; dank Dir kann ich nachspüren, wie ein solcher Satz Überlebenshilfe sein kann. Wenn ich als Erwachsener durch die Ruinen von dem stolpere, was meine Heimatstadt war und weiss, dass ich erst in vielleicht drei Stunden einen Eimer Wasser erhalten werde; und ich mir Sorgen mache darüber, dass mein Kind mit Fieber zuhause liegt - ich kann einschätzen, wann sich sein Zustand verschlechtern wird, Folgen der Dehydrierung. So macht ein solcher Satz Sinn:

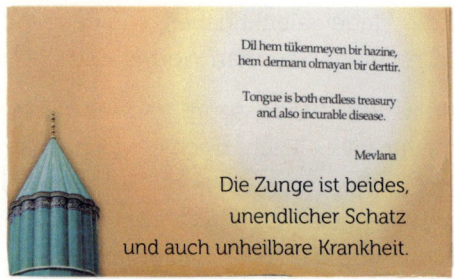

Dil hem tükenmeyen bir hazine,
hem dermanı olmayan bir derttir.

Tongue is both endless treasury
and also incurable disease.

Mevlana

Die Zunge ist beides,
unendlicher Schatz
und auch unheilbare Krankheit.

Lindert ein solches 'schönes Wort' Fieber und den Durst eines Kindes? Ich vertraue darauf, dass es beitragen kann, nicht nur das Wort allein; wir müssen als Menschen dahinter stehen und handeln wollen. Darum und dafür habe ich hier übersetzt.

Herzlichen Dank, liebe Freunde, für Euer Mitfühlen, Eure Nachsicht und euer Verstehen.

Zürich, Anfang September 2016          Puran

# Güzel Sözler

## Dünya - Welt

Das weltliche Leben ist nicht treu,
es wird Dich verlassen,
häng Dich nicht daran.
Versuche, die Welt zu lassen, bevor sie Dich verlässt.

## Mahşer - Das Letzte Gericht

Der Schlaf und der Augenblick des Erwachens
sind eine Art kleines Letztes Gericht.

## Olgunluk - Reife

Die Reife prüft zuerst das Ego, was es tun will –
und dann tut sie das Gegenteil von dem,
was das Ego möchte.

## Anlamak - Verstehen

Wenn jemand süsse Worte spricht,
höre auf den Ton darin und verstehe.

## Söz - Wort

Ein Wort kann nur einmal ausgesprochen werden;
es ist wie ein Pfeil, der vom Bogen abgeschossen wird,
er wird nie zurückkehren.

## Söz - Wort

Ein wahrhaftiges Wort ist eine Wohltat für die Seele.
Wahrhaftige Worte sind Köderhäppchen des Wunsches.

## Olgunluk - Reife

Mein ganzes Leben ist nicht mehr als diese drei Worte:
Ich war roh, ich wurde gekocht, und ich wurde verbrannt.

## Haddini Bilmek - Kenne Deine Grenze

Die Krähe schreit laut im Garten.
So hält die Nachtigall inne in ihrem Lied
wegen dem Krähen.

## Aç İnsan - Der hungrige Mensch

Zwei Sorten Menschen sind immer hungrig:
jener, der die Wissenschaft sucht,
und der andere, der nach Geld rennt.

## Özür - Entschuldigung

Die Entschuldigung eines Heuchlers
kann nicht angenommen werden,
sie kommt nur aus den Worten,
nicht aus dem Herzen.

## Konuşmak - Sprechen

Tiefe der Worte kommt aus wenigen Worten;
Sprechen ist wie Baumrinde,
mit viel Reden verliert sich die Essenz.

## Olgunluk - Reife

Heiligkeit erreichen wir nicht wegen grauem Haar
und grauem Bart. Wer ist älter als der Verhinderer?

## Dert - Kummer

In dieser Welt gibt es viele Narren,
sie geben ihre Schürze voller Gold dem Teufel
und kaufen sich so ihr eigenes Elend.

## Asalet - Adel

Kann ein Stein grün werden, weil es Frühling ist?
Werde fruchtbare Erde, dann werden
farbige Blumen aus Dir wachsen.

## Susmak - Stille halten

Stille halten ist wie der Ozean, sprechen ist wie ein Fluss.
Wenn der Ozean Ausschau hält nach Dir,
wirst Du nicht den Fluss suchen.

## Yönetici - Machthaber

Wenn Narren an der Macht sind,
verbergen sich die Weisen unter dem Teppich,
wenn sie diese fürchten.

## Insan - Mensch

Ich sah Menschen, die hatten keine Kleider;
und ich sah viele Kleider, darin waren keine Menschen.

### Aşk - Liebe

Solange unsere Herzen nicht
vor Tränen der Liebe brennen,
wird es weder Wasser noch Feuer auf der Erde geben.

### Aşk - Liebe

Ein wahrer Liebender scheint hervor
unter hundert Menschen
wie ein leuchtender Mond unter den Sternen.

### Aşk - Liebe

Liebe ist wie der endlose Ozean;
da gibt es weder Anfang noch Ende.

### Kapasite - Fassungsvermögen

Wir haben kein Recht, einen Ozean
für schuldig zu erklären,
wenn wir selber nur einen kleinen Krug haben.

### Idrak - Verständnis

Was immer Du wissen magst;
Deine Worte bleiben auf den Verständnisrahmen
desjenigen beschränkt, der Dir zuhört.

### Azim - Gegenwart

Eine brüchige Muschel kann ihre Perle nicht bewahren.

## Uzmanlık - Sachverstand

Nehmen wir an, Du hast von Ali Zülfikar,
sein Schwert geerbt. Doch was wird es Dir nützen,
wenn Du nicht Alis Herz und Arm hast?

## Kötülükten Kurtulma - Befreiung vom Bösen

Oh, meine Seele,
bringe zuerst die Schäden der Maus in Ordnung;
dann kannst Du anfangen, den Weizen sammeln.

## Azim - Gegenwart

Eine brüchige Muschel kann ihre Perle nicht bewahren.

## Arzu - Begehren

Ob Du langsam oder schnell gehst,
wenn Du etwas suchst,
am Ende wirst Du Dein Ziel erreichen.

## Asalet - Würde

Hast Du je Gerste geerntet, wenn Du Weizen gesät hast?

## Takım çalışması - Zusammenarbeit

Wie kann das grüne Gras glücklich sein,
wenn die Wolken nicht weinen?

### Yönetici - Machthaber

Ein Herrscher ist wie ein Brunnen,
die anderen sind wie Wasserleitungen,
die zum Brunnen führen.

### Idrak - Wissen

Der Tag des Letzten Gerichts
ist ein schreckliches Opferfest;
für die Gläubigen ist es ein Festtag,
für die Ochsen der Todestag.

### Dünya - Welt

Die Welt ist eine Falle, genährt von der Begierde.
Vermeide die Falle der Begierde.

### Başarı - Erfolg

Drei Dinge sind nötig für ein erfolgreiches Leben:
Aufmerksamkeit, Gleichmässigkeit, Ausdauer.

### Dünya - Welt

Die Welt ist kein angemessenes Spielzeug für den Weisen,
doch eine passende Schaukel für den Narren.

### Hata - Fehler

Auf dem Meeresgrund finden wir
Perlen und Kieselsteine beieinander;
wertvolle Dinge zwischen Fehlern und Irrtümern.

## Ticaret - Handel

Wenn Du kein Meister bist im Handeln,
eröffne keinen Laden;
um ein Meister zu werden,
musst Du unter dem Kommando
eines anderen geknetet werden.

## Uzmanlık - Sachverstand

Wenn Du Talent zur Kunst hast
und Dich nicht an einem Meister orientierst,
wirst Du in Städten und Dörfern zum Hofnarren.

## Idrak - Erkenntnis

Für einen Esel gibt es keinen Unterschied
zwischen einer Perle und einem Kieselstein;
und ein Esel zweifelt sogar daran,
ob es überhaupt Perlen und ein Meer gibt

## Öz - Essenz

Mach Dir keine Sorgen,
wenn die Schale der Muschel zerbricht;
die Perle ist im Inneren.

## Takım çalışması - Zusammenarbeit

Wenn schwarzes Holz sich mit Feuer verbindet,
schwindet das Schwarz im Holz
und verwandelt sich in Licht.

## Azamet - Grösse

Wenn ein Vogel sich auf einen Berg setzt und dann
zu weit wegfliegt in seiner übergrossen Neugier,
so liegt weder Mangel noch Übermass beim Berg.

## Başarı Merdiveni - Leiter zum Erfolg

Wenn im Schach ein Bauer geradeaus vorrückt,
wird er am Ende zur Dame.

## Asalet - Adel

Es macht keinen Unterschied, ob ein räudiger Hund
ein Halsband aus Gold oder aus Wolle trägt,
er bleibt ein räudiger Hund.

## Bilgi - Wissen

Wenn es um Wissen geht,
werden die Füsse wie Flügel.

## Bilgi - Wissen

Wissen ist wie ein grenzenloser Ozean,
wer Wissen sucht, ist wie ein Taucher in diesem Ozean.

## Akıl - Gemüt

Das Leiden eines Menschen, der mitfühlt,
ist besser als die Loyalität eines Unwissenden.

## Eylem - Tat

Wissen zu erlangen erreichen wir durch Worte,
Kunst zu lernen kommt durch das Tun.

## Akıl - Gemüt

Am Anfang des Verstehens
erleidet das Hirn leicht Stürme,
doch der Unwissende prallt mit seinem Kopf
gegen die Wand.

## Sormak - Frage

Beide, Frage und ihre Antwort,
erheben sich aus dem Wissen.

## Iyi Huy - Gutes Benehmen

Ich habe die ganze Welt bereist,
doch konnte ich keine höhere Eigenschaft finden
als gutes Benehmen.

## Kötüler - Ganoven

Wenn gute Menschen weggehen,
bleiben schöne Erinnerungen zurück;
doch die Üblen hinterlassen
Grausamkeit und Verdammung.

## Asalet - Edelmut

Zwei Sorten Bienen ernähren sich
von der gleichen Blume;
die eine bringt Honig hervor, die andere Gift

## Dindar - Hingabe

Gläubiger, halt Dich fern vom Feindseligen;
suche den, der mit Gott lebt, setz Dich nahe zu ihm.

## Gönül - Herz

Du findest Weinberge, Gärten
und grüne Felder in Deiner Seele;
ihr Äusseres ist wie eine Widerspiegelung auf dem Wasser.

## Kötü Huylar - Schlechter Charakter

Arroganz, Leidenschaft und Habsucht riechen alle gleich,
sie tragen den Geruch von Zwiebeln, wenn Du sprichst.

## Özü Sözü Bir - Rechtschaffenheit

Auch wenn jemand Hunderte von Ausdrücken kennt;
wenn sein Herz und seine Sprache nicht eins sind,
wird er nichts sagen.

## Zenginler - Reiche

Der Geruch einer Jauchegrube ist hundertmal erträglicher
als mit Reichen zu sprechen, deren Seele verdorben ist.

## Ahmak - Narr

Du suchst nach dem Duft der Rose
und steckst Deine Nase in den Knoblauch.

## Iyiler–Kötüler - Gute und Bösewichte

Die Bösewichte begehen ihre Unreinheiten,
doch das Wasser tut in jedem Fall sein Bestes,
um sie zu reinigen.

## Dalkavukluk - Schmeichelei

Wenn Du das Böse verherrlichst,
wird der Thron wegen Dir erzittern.

## Kötü Huylar - Schlechter Charakter

Eine gute und schöne Erscheinung
mit schlechten Manieren ist weniger wert
als ein gefälschter Rappen.

## Zulüm - Grausamkeit

Schlage das Eisen der Grausamkeit nicht
gegen den Stein der Grausamkeit;
beide werden, wie Mann und Frau,
eine neue Generation von Grausamkeit gebären.

## Dost - Freund

Wer jemanden verlässt für Dich,
der wird auch Dich für einen anderen verlassen.

## Düşünce - Gedanke

Wenn Du üble Gedanken willkommen heisst,
werden sie wie giftige Nägel wirken, sie werden wachsen
und tiefe Narben im Gesicht des Lebens hinterlassen.

## Benlik - Egoismus

Habe Mitgefühl mit üblen Menschen,
aber blase nicht Dein Ego auf
und mach daraus keine Schau.

## Kötüler - Schurken

Habe keine Angst vor dem Bösen, nimm nicht daran teil;
es ist wie eine Saat, und Gott wird sie sicher beseitigen.

### Asalet - Adel

Wenn Du jemanden, der ein böses Herz hat,
Wissenschaft und Weisheit lehrst, ist es,
wie wenn Du einer Bande ein Schwert gibst;
sie werden Terror heraufbeschwören.

### Dost - Freund

Wenn Freunde und Verwandte grausam sind, ist es,
wie wenn dreihunderttausend Feinde grausam wären.

### Dost - Freund

Wer vollkommene Freundschaft sucht,
der kann auch allein sein, ohne einen Freund.

### Öz - Essenz

Nicht in jeder Muschel
wirst Du eine Perle finden.

### Arkadaş - Gefährte

Wenn Du jemandes Freund sein willst,
schau, welches seine engsten Freunde sind.

### Dost - Freund

Wenn Du keinen Freund hast,
warum suchst Du nicht nach einem?
Wenn Du einen Freund gefunden hast,
weshalb bist Du nicht glücklich mit ihm?

## Dost - Freund

Wer einen wahren Freund hat,
der muss nicht in einen Spiegel schauen.

## Arkadaş - Gefährte

Wenn eine Giftschlange einen Menschen beisst,
wird er sterben; doch ein bösartiger Gefährte
führt Dich in die Hölle und in die ewige Verdammnis.

## Dost - Freund

Werde zum Freund der Menschen;
dann wird die Karawane mehr Leute erreichen,
und der Einfluss der Menge wird sich verringern.

## Dost - Freund

Wenn Du selber Freund wirst,
wirst Du unzählige Freunde haben.
Wenn Du nicht Freund wirst,
wirst Du allein sein, ohne Freunde und ohne Hilfe.

## Arkadaş - Gefährte

Wenn Du fern bist von Deinem Gefährten,
wirst Du nichts sagen können,
auch nicht mit hundert Reden.

## Ahmak - Narr

Freundschaft mit einem Narren
ist schlimmer als Feindschaft;
halte Dich fern
von einer Freundschaft mit einem Narren.

## Israf - Vergeuden

Wenn Du Wasser aus dem Meer holst,
solltest Du darauf achten,
dass Du ihm auch neues Wasser gibst;
sonst wirst Du den Ozean in eine Wüste verwandeln.

## Cömertlik - Grosszügigkeit

Bevor der Todesengel alles von Dir nimmt,
ist es weise, alles, was Du zuvor erhalten hast,
selber zurückzugeben.

## Nefis - Ego

Unser Ego ist wie ein Dorn mit drei Seiten;
in welche Richtung Du ihn auch drehst,
wird er Dich immer noch stechen.

## Nefis - Ego

Auch Dein Feind benutzt freundliche Worte,
die Dir schmeicheln, sie sind Köder.

## Eğitim - Erziehung

Wenn eine Kerze eine andere entzündet,
verliert sie die Kraft ihres Lichtes nicht.

## Cehalet - Unwissenheit

Wenn Du den Schmied nicht kennst,
bei dessen Feuerstelle Du vorbeigehst,
so könnten Dein Haar und Dein Bart anbrennen.

### Doğruluk - Gerechtigkeit

Der gerade Weg weckt die Fülle der Gefühle;
und die Leidenschaft zähmt sich zum Mitfühlen.

### Doğruluk - Gerechtigkeit

Wieviel Wasser auch in einem Bach fliesst;
das Spiegelbild der Sterne bleibt immer das gleiche.

### Doğruluk - Gerechtigkeit

Der gerade Weg ist wie der Stab von Moses,
der krumme Weg wie der Zauberstab eines Magiers.
Wenn der gerade Weg erscheint,
löst er alle Verdrehtheit auf.

### Akıl - Gemüt

Wenn Du Dein Verständnis gut nutzen willst,
suche die Freundschaft mit einem Gleichgesinnten;
so werdet ihr euch gegenseitig um Rat fragen können.

### Dost - Freund

Wenn Du einem Menschen mit üblen Absichten hilfst,
sei wachsam, Deine Freundschaft könnte vergeblich sein.

### Dinlemek - Höre zu

Es ist weise, zuerst hinzuhören,
bevor Du etwas sagen willst;
dann wirst Du Dich auf das beziehen können,
was Du gehört hast.

## Sevgi - Liebe

Wenn Du gibst,
sei so grossherzig und hilfsbereit wie ein Fluss.
Im Mitgefühl und in der Gnade
sei wie die Sonne.
Wenn Du den Fehler Deines Freundes verbirgst,
sei wie die Nacht.
Wenn Du wütend und zornig bist,
sei wie tot.
In Bescheidenheit und Demut
sei wie die Erde.
Also sei entweder Deine Essenz
oder sei Deine äussere Erscheinung

## Dost - Freund

Wenn Du einem Menschen mit üblen Absichten hilfst,
sei wachsam, Deine Freundschaft könnte vergeblich sein.

## Dinlemek - Höre zu

Es ist weise, zuerst hinzuhören,
bevor Du etwas sagen willst;
dann wirst Du Dich auf das beziehen können,
was Du gehört hast.

## Doğru söz - Das richtige Wort

Du kannst immer das Richtige sagen,
aber sage nicht immer das Richtige.

### Akıl - Gemüt

Ein Mensch kann eine Persönlichkeit werden,
doch wird er dies nicht,
weil er Haar und Bart grau färbt.

### Öfke-Kin - Zorn, Hass

Zorn und Leidenschaft machen,
dass Menschen schielen;
der Geist trennt sich von der Wahrheit.
Wenn Hass erscheint, verlierst Du Deine Fähigkeiten,
und ein Schleier bedeckt die Seele vor Deinen Augen.

### Dert - Sorgen

Sorgen sind ein herumlungerndes Pferd,
es wird Dich zu noch mehr Sorgen tragen.

### Görüş Açısı - Standpunkt

Wir können Gott dankbar sein,
dass er Rosen erschaffen hat inmitten von Dornen,
statt uns darüber zu beklagen,
dass zwischen den Rosen Dornen sind.

### Tembellik - Faulheit

Wo Gewinn ist,
kommt er aus unserer Anstrengung und Arbeit;
doch Verlust kommt von unserem Nichtstun.

## Burnunun dibini Görememek -
## Blind dafür, was gerade unter unserer Nase liegt

Pharao liess hunderttausend Kinder töten,
doch derjenige, den er suchte,
war im Garten seines Palastes.
Wasser im Schiff bringt es zum Sinken,
Wasser unter dem Schiff trägt es.

## Usul–Üslüp - Vorgehen-Stil

Wo Not ist, da geht die Heilung hin;
wo ein Gefäss ist, da sammelt sich das Wasser.

## Gönül - Herz

Weisheit des Herzens trägt ihren Besitzer;
doch äusseres Wissen wird zur Bürde für ihn.

## Sevgi - Liebe

Krankheit wird mit Mitgefühl geheilt,
ein toter Körper erneuert sich mit Mitgefühl,
ein Sultan wird zum Diener durch Mitgefühl.

## Sevgi - Liebe

Liebe und Mitgefühl
sind Zeichen des menschlichen Lebens;
Zorn und Lust
sind Zeichen des tierischen Lebens.

## Zulüm - Grausamkeit

Die Grausamkeit eines Dämons ist
wie ein schwarzer Brunnen;
doch der Brunnen der Grausamkeit selber
ist noch schrecklicher.

## Zulüm - Grausamkeit

He Du, der Du einen Brunnen der Grausamkeit gräbst!
Du bereitest Dir selber eine Falle!

## Öğüt - Rat

Das Arbeiten an unserer Feinheit bringt nicht automatisch
den Duft von Moschus mit sich, wenn wir uns
an schlechte Gerüche gewöhnt haben.

## Şükür - Dankbarkeit

Selbstzufriedenheit schläfert die Menschen ein,
doch Dankbarkeit weckt uns auf.

## Gönül - Herz

Die Vision unseres Gemütes reicht bis zu unserem Grab;
die Vision unserer Seele reicht bis zum Tage der Wunder.

## Akıl - Gemüt

Wenn der Sultan das Gefängnis seines Gemüts aufbricht,
fliegen alle Vögel in verschiedenen Richtungen davon.

### Akıl - Gemüt

Ein intelligenter Mensch kann nicht alles sagen,
worüber er nachdenkt,
doch wird er bedenken, was er sagt.

### Kanaat - Überzeugung

Niemand ist gestorben, weil er überzeugt war;
und niemand ist je König geworden
wegen seiner Leidenschaft.

### Hırs - Habsucht

Leidenschaft macht Menschen blind, schwach;
sie nötigt sie zum Unwissen
und öffnet den Pfad zum schnellen Ende, zum Tod.

### Tövbe - Reue

Das Pferd der Reue zu reiten ist wunderbar;
es kann Dich mit einem Sprung
von der schäbigsten Welt bis zum Firmament tragen.

### Sabır - Geduld

Geduld ist der Schlüssel zur Freude.

### Sabır - Geduld

Geduld ist ein Schild aus Eisen.

### Sabır - Geduld

Raum kommt aus der Geduld.

### Tecrübe - Erfahrung

Jene, die in Not leben
und schwere Krankheiten erdulden,
schätzen die Hilfe eines Arztes viel mehr.

### Hırs - Habsucht

Mit Leidenschaft leben wir weniger
als der Mensch, der sich frei hält von ihr;
ein grüner Baum, der Wasser
des sterblichen Lebens trinkt,
wird bald gelb und welk.

### Gerçekler - Wirklichkeit

Die Sonne, die durch das ganze Universum reist,
kann ihr Licht nicht verbergen,
weil Fledermäuse das Sonnenlicht nicht ertragen.

### Sevgi - Liebe

Du suchst den, den Du liebst;
Du liebst den, der nach Dir sucht.

### Gönül - Herz

Es ist nicht erlaubt,
dass Du Deiner Seele ihre Nahrung vorenthältst.

### Gönül - Herz

Wenn der Spiegel der Seele sauber ist,
kann er ein schönes Gesicht
von einem hässlichen unterscheiden.

### Dost - Freund

Hör nicht auf Worte,
die Dich von Deinem Freund trennen;
in ihnen liegt grosser Schaden.

### Gayret - Bestreben

Das Bestreben eines Menschen sind seine Flügel.

### Benlik - Egoismus

Wenn Du Dein Ego auslöschst,
wirst Du Meister über alle Egos sein;
Du kannst jedem Wesen Freund sein,
auch wenn sie nicht freundlich sind zu Dir.

### Kapasite - Fassungsvermögen

Du kannst wirklich reich werden!
Doch Du kannst nur so viel essen,
wie Du verdauen kannst.
Tauche Deinen Krug ganz ins Meer ein;
doch wird er nur so viel Wasser aufnehmen,
wie der Krug fassen kann.

### Eylem - Tat

Die Tat kommt aus dem Tun,
nicht aus dem Reden.

### Nasihat - Rat

Wer sich auf seine Intuition verlässt
wird keinen Rat eines anderen brauchen.

### Performans - Leistung

Ein Toter kann den Wert eines Arztes nicht erfassen.

### Dost - Freund

Wenn ein Mensch einen Freund nicht erkennen
und nicht unterscheiden kann
zwischen Freund und Feind,
so wäre er besser blind.

### Söz - Wort

Wenn Dein Wort keinen Segen bringt,
sag es lieber nicht.

### Şekilcilik - Formalismus

Wenn Du Form und Erscheinung betrachtest,
siehst Du nichts; geh über die Erscheinung hinaus,
such nach der Bedeutung der Essenz.

### Savaş - Krieg

Die Kriege, die die Menschen kämpfen,
sind wie Kinderstreit;
alle sind ohne Sinn und absurd.

### Iyilik - Güte

Wenn Du anfängst, das Gute zu suchen,
dann verlässt Dich alles Böse.

### Allah için - für Gott

Gib Deinen Dienst Gott, schau nicht darauf,
ob andere dies auch tun oder nicht.

## Dinlemek - Zuhören

Eine Rede soll auf den abgestimmt sein, der zuhört;
ein Schneider macht das Kleid in der Grösse für den,
der es tragen wird.

## Adalet - Gerechtigkeit

Wenn Du Gerechtigkeit nicht verstehst,
bist Du wie jener, der einen jungen Wolf füttert.

## Hile - Betrug

Ein Wolf ist wirklich grausam,
und doch betrügt er nicht.

## Asalak - Schmarotzer

Du bist wie dieser Wurm im Apfel;
so weisst Du nicht, was ein Baum ist,
noch lernst Du den Gärtner kennen.

## Güç - Kraft

Wasser bleibt Sieger über das Feuer;
doch wenn Du Wasser in einen Topf gibst,
dann bringt das Feuer es zum Kochen und es verdampft.

## Merhamet - Mitgefühl

Wenn Du Mitgefühl erreichen willst,
lerne mitzufühlen mit den Machtlosen.

## Kapitalist - Kapitalist

He Sohn, lass los, befreie Dich vom Band!
Oder willst Du ein Sklave von Gold und Silber werden?

## Nefis - Ego

Deinem Ego gefällt die Falle in Dir drin;
und diese ist übler
als alle äussere Feindseligkeit und Arroganz.

## Ahmaklik - Dummheit

Niemand wundert sich,
wenn ein Schaf vor dem Wolf davon rennt;
es erstaunt alle, wenn das Schaf einen Wolf liebt.

## Asalet - Adel

Wenn der Essig saurer wird,
dann muss der Zucker umso süsser werden.

## Aşk - Liebe

Liebe ist wie ein Fall vor Gericht;
Leid hat seine Anziehungskraft;
mach Dir dies bewusst, wenn Du gewinnen willst.

## Öz - Essenz

Was im Krug ist,
wird im gleichen Zustand
aus ihm herauskommen.

## Kalp - Herz

Auch wenn Du Vernunft walten lassen kannst,
ist Deine Situation schwierig;
doch wenn Du nicht auf Dein Herz hörst,
bist Du hoffnungslos.

## Peşin Hüküm - Vorurteil

Verachte keinen einzigen Menschen,
er könnte vielleicht ein Glaubender werden.
Was wissen wir schon über das Ende unseres Lebens?
So verachte niemanden.

## Ümit - Hoffnung

Geh nicht ins Land der Hoffnungslosigkeit,
wenn es Hoffnung gibt;
geh nicht in die Dunkelheit,
wenn die Sonne scheint.

## Gerçek - Wirklichkeit

Auch wenn ein blinder Mensch
die Sterne nicht sehen kann,
sind sie doch da.

## Ölçü - Mass

Kann ein Spiegel oder eine Waage lügen?

## Safiyet - Reinheit

Wenn ein Fluss ohne Eis und Schmutz dahinfliesst,
ist er wirklich wunderschön.

## Kötüler - Schlechte Menschen

Hallo Mensch, wenn Du Dornen suchst
und in den Himmel kommst, solltest Du wissen,
dass Du da der Einzige mit Dornen bist.

## Yüzeysellik - Oberflächlichkeit

Wenn Wissenschaft sich
in Deinem Herzen widerspiegelt, stützt sie Dich;
doch wenn sie nur Deinem Kopf gefällt,
wird sie Dir zur Last.

## Yaşam - Leben

Die grösste Errungenschaft eines Menschen ist,
wenn er sein Leben vollständig lebt.

## Duygu - Gefühl

Wenn Menschen ihre Gefühle teilen,
können sie leicht übereinstimmen;
nur Worte von zwei Leuten
finden keine gemeinsame Sprache.

## Bakış açısı - Sichtweise

Wenn alle Menschen die Welt
auf gleiche Weise sehen würden,
könnten sie gar nichts sehen.

## Insan - Mensch

Du kannst einen Menschen kennenlernen,
wenn Du schaust, wofür er sich interessiert.

## Edep - Würde

Würde bringt Licht
in die dunkle Nacht der Welt.

### Gönül - Herz

Besser ein Sklave mit einem offenen Herzen zu sein
als Staub auf dem Haupt eines Sultans.

### Gözyaşı - Tränen

Tränen zeigen Dein Mitgefühl;
nur wenn Dein Herz vor Liebe brennt,
können Deine Augen tränen.

### Veda - Abschied

Wenn Du von Deinem Freund getrennt bist,
fühlt sich ein einziges Blinzeln wie ein ganzes Jahr an.

### Etki-Tepki - Impuls-Echo

Diese Welt ist wie ein Berg;
sie wirft ein Echo zurück
von all Deinen Taten.

### Söz - Wort

Schmeicheleien sind wie ein scharfes Schwert;
halte also ein Schild vor Dich hin,
oder halte Dich fern von ihnen.

### Söz - Wort

Es gibt Tausende von Türschlössern,
die sind weiter als der Horizont.
Doch zwei oder drei sanfte Worte,
wie der Schlüsselbart,
können solche Schlösser öffnen.

## Insan - Mensch

Ein Mensch kann nicht einfach klingen;
genauso ist ein Schilfrohr,
solange es nicht ausgehöhlt wurde.

## Öz - Essenz

Kann ein junger Baum
aus einem leblosen Samen wachsen?

## Sevgi - Liebe

Liebe verwandelt Leid in Freude, Kupfer in Gold;
dreckiges und schales Wasser
wird rein, prickelnd und frisch.

## Öze Dönüş - Zurück zur Essenz

Die Essenz aller Wissenschaft
ist die Antwort auf die Frage:
'Wer bin ich am Tage des Gerichtes
und was wird aus mir werden?'

## Kusur - Defekt

Wenn ein Mensch sich seiner Unvollkommenheiten
bewusst wird, galoppiert er auf die Reife zu
und reitet dafür auf zehn Pferden.

## Şükür - Dankbarkeit

Der Segen als Antwort auf unsere Dankbarkeit
ist schöner als die Dankbarkeit selber.

## Kadın - Frau

Die einen Männer heiraten Frauen
und werden so reich wie Krösus.
Andere Männer stürzen sich in Schulden
wegen einer Frau.

## Akıl - Gemüt

Ein närrischer Freund
ist gleichzeitig auch schon Dein Feind.

## Allah`ın yardımı - Gottes Hilfe

Ein Mensch, der die Hilfe Gottes zurückweist,
glaubt, vor einem Löwen zu stehen,
wo nur ein Hase ist.

## Düşmanlık - Feindschaft

Wenn die Erde zum Feind des Himmels würde,
wäre sie bald eine Wüste und würde sterben.

## Tedbir - Mass

Bevor ich einen ersten Schritt tue,
schaue ich, worauf mein Fuss treten wird.
So bewahre ich mich vor Fehlern und vor dem Fallen.

## Etme–Bulmadünyasi - Du wirst finden, was Du suchst

Wenn Du frei bleiben willst vom bösen Einfluss anderer,
musst Du Dich fernhalten davon, Böses zu sagen,
Böses zu lehren und Böses zu denken.

## Karakter - Charakter

Eine Katze ist König über jene,
die sich wie Ratten benehmen.

## Öz - Essenz

Wenn Du die Farbe einer Kuh sehen willst,
schau sie von aussen an;
doch die Farbe eines Menschen
wirst Du in seinem Inneren finden.

## Sabır - Geduld

Geduld ist der Schlüssel zum Glück,
Eile der Schlüssel zum Bedauern.

## Dil - Sprache

Ein Mensch kann die Welt erobern,
doch nicht Meister sein über seine Worte.

## Gerçek - Wirklichkeit

Singe keine Lieder in einem dunklen Bazar,
und verkaufe keinen Spiegel an einen Blinden.

## Idrak - Verständnis

Es ist töricht zu sagen, dass alles richtig sei;
doch werden wir dogmatisch
wenn wir sagen, dass alles falsch sei.

### Ahmak - Narr

Gegenüber einem Narren
ist Schweigen die beste Antwort.

### Zenginler - Reichtum

Reich zu sein bringt mehr Annehmlichkeiten,
als ein Meer aufnehmen kann;
doch musst Du das Schiff sein auf diesem Meer.

### Ahmak - Narr

Wenn Du nach etwas suchst,
musst Du dahin gehen, wo Du es finden kannst.

### Karakter - Charakter

Auch wenn ein Stein tausend Frühlinge sieht,
kann er doch nicht grün werden.

### Anne - Mutter

Eine Amme ist für drei oder vier Tage;
doch eine Mutter hebt uns auf
und hält uns nahe bei ihrem Herzen.

### Idrak - Verständnis

Wie Du schaust, so siehst Du.

### Takım çalışması - Zusammenarbeit

Vögel können nur mit ihresgleichen fliegen.

## Peygamberler - Propheten

Die Propheten enthüllen den Menschen Gottes Gebote,
und Gott selber belohnt sie für ihre Arbeit.

## Eylem - Handeln

Wenn Du einen leeren Krug
in die Nähe eines fliessenden Brunnens stellst,
bedeutet dies nicht, dass er voll wird,
auch nicht in vierzig Jahren.

## Cehalet - Unwissenheit

Ein Esel pisst in ein Loch, dann fällt etwas Stroh darauf;
eine Fliege landet auf diesem Stroh und fühlt sich,
wie wenn sie auf dem Ozean segeln würde.
So können wir am besten eitles Wissen
und arrogante Dummheit beschreiben.

## Dost - Freund

Hey, dies ist Dein Freund,
nicht etwas zum Konsumieren,
also verletze ihn bitte nicht.

## Dünya - Welt

Die Welt und das Jenseits
sind wie zwei Frauen für einen Mann.
Er versöhnt sich mit der einen,
und die andere wirft ihm genau dies vor.

## Insan - Mensch

Hey Bruder,
Gedanken und Ideen sind die Essenz Deines Wesens,
sie machen Dich menschlich.
Alle anderen Elemente, Knochen und Nerven,
die haben auch Tiere.

## Asalet - Adel

Einfaches Gras wächst in zwei Monaten,
doch eine rote Rose braucht ein ganzes Jahr dafür.

## Dost - Freund

Die Freundin der Rose ist die Dorne.

## Gözyaşı - Tränen

Wenn Du im Inneren schmutzig bist, nützt Wasser nichts,
Du brauchst Tränen, um es zu reinigen.

## Doğruluk - Gerechtigkeit

Sei so gradlinig wie ein Pfeil und spring los vom Bogen,
weil ohne Zweifel jeder Pfeil den Bogen verlassen wird.

## Öze Dönüş

Bevor wir anfangen, Bücher zu lesen,
sollten wir lernen, uns selber zu lesen.

## Iyiler-Kötüler - Gute und Bösewichte

Ein Tonkrug hat Angst vor einem Stein.

## Empati - Mitgefühl

Oh Mann, Du siehst den schwarzen Fleck
auf dem Gesicht Deines Nachbars!
Was Du siehst, ist ein Spiegelbild Deines eigenen Flecks,
so hasse es nicht!

## Dost - Freund

Könntest Du sagen, dass Freundschaft Mühsal sei?
Die Schwere liegt im Inneren, in der Seele.
Freundschaft ist wie Deine Haut, Freundschaft steht fest
in Schwierigkeiten und Katastrophen.
Ein Freund ist wie Gold,
auch das Böse kann in Reinheit umgewandelt werden.

## Allah`ın yardımı - Gottes Hilfe

In leichten Zeiten sind all Deine Begleiter gute Freunde;
doch in einem bestimmten Augenblick
wird kein Freund mehr da sein ausser Gott.

## Güzel Söz - Feines Wort

Die Lieder der Nachtigall sind berühmt,
deshalb wird sie in einem Käfig gehalten.
Doch wer würde schon Krähen
oder eine Eule in einen Käfig stecken?

## Gerçek - Tatsachen

Wenn Du zwei Fingerspitzen auf Deine Augen legst,
kannst Du da etwas von der Welt sehen?
Die Welt existiert nicht, wenn Du sie nicht sehen kannst.

### Gerçek - Tatsachen

Ich wanderte und suchte in der ganzen Welt,
doch konnte ich nichts Besseres finden als gute Manieren.

### Alınteri - Leistung

Wir haben das Tor der Bettler geschlossen
für unsere Gefährten. Unsere Freunde verdienen sich
ihren Lebensunterhalt im Handel, der Wissenschaft,
im Handwerk, alle Arten von Beschäftigungen,
ehrlich getan, Handarbeit und Schweiss.
Wir folgen dem Rat Hz. Muhammeds:
'Erwarte von anderen das,
was Du selber bereit bist zu geben'.
Wenn wir Gefährten dieses Ideal nicht achten,
ist keine Freude auf unserem Pfad.

### Karakter - Charakter

Beide Schilfrohre nehmen Wasser auf;
doch das eine ist völlig leer,
und das andere voller Süsse.

### Karakter - Charakter

Esel werden Zucker nicht verschmähen,
doch ihrer Natur gemäss fressen sie lieber Gras.

## Takım çalışması – Zusammenarbeit

Wenn Du jemandem Erde an den Kopf wirfst,
geschieht nichts.
Wenn Du jemandem Wasser über den Kopf schüttest,
geschieht auch nichts.
Wenn Du die Nuss knacken willst,
musst Du Erde und Wasser mischen
und daraus einen Backstein formen.

## Fedakârlık – Selbstlosigkeit

Was ist der Wert von Gold, vom Leben,
von einer Perle oder einer Koralle?
Alle sind völlig wertlos, wenn Du nicht bereit bist,
aus Liebe zu geben und sie für einen Freund zu opfern.

## Keder – Trübsinn

Wie Du siehst, erinnern sich nur Dummköpfe an mich;
also tausendmal Bravo an alle Dummköpfe.

## Fikir – Gedanke

Ein gerader Gedanke öffnet einen Pfad;
und er wird Pfad genannt,
weil er die Wirklichkeit erreicht.

## Sabır – Geduld

Geduld ist der Schlüssel,
um Dich von Unwissenheit zu befreien.

### Ayıplari Örtmek - Verberge Deine Fehler

Verberge Deine Fehler,
so werden Deine Freunde Deine Scham bedecken.


### Az konuşmak - Spreche wenig

Ein Mensch mit tiefen Gedanken spricht wenig.
Je oberflächlicher, desto mehr geht Essenz verloren.


### Öz - Essenz

Ein Geldbeutel oder ein Lederbeutel
sind nicht sehr wertvoll,
ausser sie sind mit Gold gefüllt.


### Bilgi - Wissen

Prüfe! Was im Krug ist,
wird auch aus ihm herausfliessen.


### Kötüler - Ganoven

Ein verdrehter Schuh
passt zu einem Klumpfuss.


### Sabır - Geduld

Gott hat hunderttausend Medikamente geschaffen,
chemische Hilfe für Menschen;
doch gibt es keine bessere Medizin als Geduld.

## Cehalet - Unwissenheit

Der Zweck eines Buches liegt im Wissen, das es enthält;
doch Du kannst es auch als Kopfkissen benutzen.
Du könntest ja auch mit dem Hammer
auf die Wand hauen statt auf den Nagel.

## Gönül kırma - Ein gebrochenes Herz

Verletzt nie den Geist eines Notleidenden.
Gott sagt: 'Verletzt nie einen Bedürftigen,
weise keinen ab, der Dich um Hilfe bittet.'
Eine Wand sagt zum Nagel:
'Weshalb störst und verletzt Du mich?'
Und der Nagel antwortet:
'Schau den an, der seinen Hammer auf mich haut'.

## Sorumluluk Bilinci - Verantwortungsbewusst

Wenn Du weisst, dass Du falsch gehandelt hast,
kannst Du es nicht einfach in Ordnung bringen,
indem Du Entschuldigung sagst
oder ein Medikament nimmst.

## Eylem - Handeln

Ein lebendiges Beispiel im Handeln
ist besser als ein Ratschlag in Worten.

## Zulüm - Grausamkeit

Wenn Du einen vergifteten Brunnen der Grausamkeit gräbst,
sollst Du wissen, dass Du ihn für Dich selber gräbst.
Wickle keinen Kokon um Dich herum
wie eine Seidenraupe.
Wenn Du wirklich einen Brunnen graben willst,
grabe einen des Friedens, der zu Dir passt.

## Karakter - Charakter

Ein scharfes Schwert kann
weiche Seide
nicht entzweischneiden.

## Sabır - Geduld

Wenn Du mit ganzem Herzen
eine Herausforderung annimmst
und das Leben da eng wird, sei geduldig!
Ausdauer ist der Schlüssel zum weiten Raum.

## Edep - Gutes Benehmen

Der Unterschied zwischen einem Menschen
und einem Tier ist Anstand.

## Sevgi - Liebe

Schau auf dieses Leben in der Welt, Allmächtiger Gott!
In welchem Deiner Geschöpfe sind
Deine liebenden Arme zur Reife gewachsen?
So viele treten und schlagen lieber,
wenn sie durchs Leben gehen;
nur wenige umarmen und geben Trost.

## Insan - Mensch

Sei sorgfältig, lerne Menschen gut kennen;
so beschuldige den einen nicht, schlecht zu sein,
und verherrliche den anderen nicht, gut zu sein.

## Gönül - Herz

Solange Dein Herz nicht brennt,
können Deine Augen nicht weinen.

## Kanaat - Überzeugung

Ich machte mir Sorgen,
weil ich keine Schuhe hatte;
doch dann sah ich einen Mann
auf der anderen Strassenseite,
der hatte keine Beine.

## Gerçek - Wirklichkeit

Wenn Du die Hand nicht sehen kannst,
vermutest Du, dass die Feder selber schreibt.

## Dost - Freund

Wenn Du einmal eins geworden bist mit dem Freund,
werden Leben und Tod gleichermassen fröhlich.

## Merhamet - Mitgefühl

Liebe und Mitgefühl sind menschliche Züge,
Wut und Gier sind tierische Züge.

### Gönül - Herz

Können Deine Hände heimlich etwas tun,
ohne dass Dein Geist es bemerkt?

### Kıymet - Wert

Wenn die Hände eines Kindes nach Zwiebeln riechen,
wie kann es da wissen, was ein Apfel ist,
wenn es ihn nicht sehen kann?

### Güzellik - Schönheit

Wenn Dir Schönheit eigen ist,
erinnere Dich daran,
dass sie ausgeliehen ist.

### Güç - Macht

Wenn die Krähen laut schreien,
unterbrechen die Nachtigallen ihr Lied.

### Ömür - Leben

Wir gehen durch dieses Leben,
entweder, um unsere Taschen mit Geld zu füllen
und uns um gutes Essen und Trinken zu sorgen;
oder wir sind uns bewusst,
dass jeder unserer Atemzüge gezählt ist.

### Karakter - Charakter

Wir sagten Dir ja –
ein Schafhirte kann zum Wolf werden,
und ein Wachmann zum Dieb.

## Kötü Huylar - Schlechter Charakter

Mache schlechte Gewohnheiten nicht zu Deinem Alltag,
sie schlagen Wurzeln in Dir und bleiben.

## Öğüt - Rat

Ein intelligenter Mensch lernt
aus den Warnungen des Bösen
und betrachtet den Tod als seinen Freund.

## Haddini Bilmek - Kenne Deine Grenzen

Der Ozean wird nicht schmutzig,
weil die Lippen eines Hundes
das Meerwasser berühren.

## Şükür - Dankbarkeit

Musstest Du je bezahlen für die Religion,
die Du von Deinem Vater geerbt hast?
Weshalb bist Du Gott nicht dankbar dafür?
Er gab sie Dir völlig frei.
Gibt es überhaupt einen Menschen,
der sich dieses Privilegs wirklich bewusst ist?

## Dost - Freund

Werde zum Freund für Menschen.
Wenn die Karawane zu bevölkert ist,
neigen Menschen dazu, ganz langsam zu werden.

## Denge - Gleichgewicht

Ein Schiff wird gebaut,
um auf dem Wasser zu schwimmen;
doch wenn Wasser das Schiff füllt, sinkt es.
Für einen Gläubigen ist die Welt wie das Wasser.

## Fikir - Gedanke

Wenn Deine Gedanken wie Rosen sind,
wirst Du wie ein Rosengarten sein.
Wenn Deine Gedanken dornig sind,
bist Du wie trockenes Holz,
das ins Feuer geworfen wird.

## Adalet - Gerechtigkeit

Was ist Gerechtigkeit?
Den Bäumen Wasser zu geben.
Was ist Grausamkeit?
Dornen Wasser zu geben.
Gerechtigkeit macht, dass Segen fliesst,
nicht Wasser, um alle Samen zu wässern.
Was ist Grausamkeit?
Das, was Dir anvertraut wurde, ungerecht zu benutzen,
ein Ding an einen unrechten Ort zu stellen.

## Ahlak - Moral

Der Mensch, der unwissend ist, ist wie Eisen;
wenn er seine Intelligenz nutzt, um Moral zu lernen,
wird er sich in Gold verwandeln.

## Asalet - Adel

Wenn ein Löwe die Beute seines Nachbars stiehlt,
schämt er sich dafür;
doch ein Hund wird keine Scham empfinden.

## Zorba - Rabauke

Wenn einer sagt, alles ist in Ordnung, ist er ein Rabauke,
wenn einer sagt, alles ist falsch, ist er ein Despot.

## Aşk - Liebe

Wenn Liebe aus dem Herzen fliesst,
nimmt sie alles Leid an
und erwartet keine Gegenleistung.

## Ayrılık - Trennung

Was ist der Wind für das Feuer?
Trennung ist das Gleiche für die Liebe;
sie bläst eine kleine Liebe aus,
und sie macht eine grosse Liebe stärker..

## Denge - Gleichgewicht

Wenn Du Dich nie darum kümmerst,
neues Wasser zu bringen;
wenn Du immer nur nimmst,
so wird auch das Meer austrocknen
und sich in eine Wüste verwandeln.

## Arzular - Verlangen

Leid kommt aus Verlangen,
das Du nicht erreichen kannst.

## Doğruluk - Gerechtigkeit

Wahrheit muss nicht nach Rechtfertigung rennen.

## Dost - Freund

Geh und besuche Deine Freunde regelmässig;
sonst wachsen vielleicht auf dem Weg zu ihnen
Dornen und Büsche.

## Dil - Zunge

Die Zunge ist beides,
unauslotbarer Schatz
und unheilbare Krankheit.

## Denge - Gleichgewicht

Ein Mensch der spricht, ohne zu denken,
ist wie ein Jäger, der vergisst zu zielen.

## Karakter - Charakter

Nicht jeder Dornbusch
bringt Rosen hervor.

## Hayalperestlik - Phantasterei

Wenn Deine Feder aus Wind
und Dein Papier aus Wasser ist,
so wird alles, was Du aufschreibst,
verloren gehen.

## Dünya - Welt

Wir kamen nackt,
wir lernten, Kleider anzuziehen;
dann ziehen wir sie aus,
und nun gehen wir.

## Sevgi - Liebe

Der Grund, weshalb die Rose so gut riecht ist,
weil sie freundlich ist zum Dorn.

## Arzular - Verlangen

Winde blasen oft aus Richtungen,
die dem Schiff nicht wirklich gefallen.

## Karakter - Charakter

Wenn ein Esel Kunde wäre und etwas kaufen wollte,
würde er sicher eine Melone kaufen.

## Kıymet - Wert

Viele sammeln sich um eine Quelle mit frischem Wasser.

### Bakış açısı - Sichtweise

Wie Du schaust
so siehst Du.

### Tamah - Gier

Wenn ein Spiegel gierig würde,
würde er sich verdrehen
und könnte uns nicht jedes Detail
so zeigen, wie es wirklich ist.

### Arkadaş - Gefährte

Wenn Du Deinen Gefährten kennen willst,
schau, wer seine Freunde sind.

### Dikkat - Sorgfalt

Auch ein Hund,
der einen weggeworfenen Knochen
und danach ein Brot frisst,
wird nach Aas riechen.

### Karakter - Charakter

Der Mensch, dessen Natur und Charakter unrein und krank ist,
kann von niemanden etwas Gutes annehmen.

### Fikir özgürlüğü - Gedankenfreiheit

Die Gedanken der Menschen
sind wie freie Vögel im Himmel,
Du kannst sie weder fangen
noch einsperren.

### Hata - Fehler

Wenn jede Sünde
einen Menschen betrunken machen würde,
könntest Du keinen einzigen Nüchternen finden.

### Söz - Wort

Wenn Du lange Reden schwingst, bedeutet dies,
dass Du nicht erklären kannst, was Du meinst.

### Ömür - Leben

Der grösste Verlust im Leben ist,
es mit Unsinn zu vergeuden.
Du kannst nicht ein einziges Jahr zurückholen,
auch wenn Du hunderttausend Dinar bezahlst.

### Iyilik - Güte

Säe Samen der Güte, wann immer Du kannst;
ohne Säen ist keine Ernte möglich.

### Kitap - Buch

Das Buch ist Nahrung für die Seele
und Medizin für das Gemüt.

### Kötüler - Bösewichte

Wenn Du mit Dieben und Gaunern Mitleid hast,
bedeutet dies, Menschen zu zerstören,
die keine Möglichkeit haben, sich zu verteidigen.

### Muhammad

Ich bräuchte einen Mund,
so weit wie der Himmel;
so priese ich unseren Propheten,
bis die Engel neidisch würden.

### Aşk - Liebe

Geben ist eine Ehre für den, der liebt.
Dein Leben zu opfern ist Grossherzigkeit in der Liebe.

### Dünya - Welt

Nicht alle Menschen leben in Behaglichkeit,
haben Besitz und Gold;
weshalb also kannst Du nicht teilen?
Du besitzt ja nicht einmal Dein eigenes Leben,
was hindert Dich also?

### Dost - Freund

Wenn ein Tag vergeht,
ohne das Gesicht unseres Freundes zu sehen,
ist er wie Tod oder Schlaf.

### Dün-Bugün - Gestern-Heute

O mein Freund; gestern ist vorbei,
alles was wir sagten und alles, was damit verbunden ist.
Heute müssen wir darüber reden,
was vollkommen neu ist.

## Dikkat - Pass auf

Wenn sich meine Augen auf den weiten Horizont richten,
kann ich die Fallen und Löcher vor mir nicht sehen:
Was soll ich also tun?

## Gözyaşı - Tränen

Überall dahin, wo ein Fluss reicht,
da wird das Land grün;
überall, wo Tränen fallen,
da regnet Gottes Gnade und Barmherzigkeit hin.

## Dost - Freund

Lieber Freund, lass uns überprüfen,
was wir füreinander bedeuten;
wir könnten plötzlich sterben und getrennt werden.

## Acele - Eile

Wenn Du rennst, störst Du Deine Arbeit;
was Du tun willst, tue es langsam und bestimmt.
Denk daran, Gott gibt den Menschen Reife
in einer Zeitspanne von vierzig Jahren.

## Kötü Huylar - Schlechter Charakter

Hey, Du weisst doch, dass schlechte Manieren
und ein hübsches Gesicht nicht zusammenpassen.

### Çalışmak - Arbeit

Um erfolgreich zu sein im Leben,
hast Du drei Dinge zur Verfügung:
Aufmerksamkeit, Ordnung und Arbeit.

### Gıpta - Neid

Beneide andere nicht;
so wird es viele geben,
die Dich beneiden werden,
dass Du ein gutes Leben lebst.

### Olgunlaşmak - Reifen

Wenn junge Vögel fliegen wollen
und ihre Flügel sind noch nicht stark genug,
werden sie zur Beute einer gierigen Katze.

### Sabır - Geduld

Geduld ist bitter,
doch sie bringt süsse Früchte.

### Taklit - Imitieren

Ein Papagei plappert nach.
Doch ein Mensch sucht immer
das Richtige, das Gute und das Schöne.
Sein sorgfältiges Wählen macht ihn zum Menschen.

## Sır - Geheimnis

Wenn Du Dein Geheimnis
einem Schwätzer anvertraust,
so ist es, wie wenn Du Wasser
in einen zerbrochenen Krug füllen wolltest.

## Ömür - Leben

Wenn Du das Leben wie einen Goldbeutel betrachtest,
werden Tag und Nacht die Räuber sein.

## Aşk - Liebe

Wenn wir durch sieben Städte der Liebe gewandert sind,
stehen wir trotzdem immer noch
beim ersten Schritt auf der ersten Strasse.

## Doğru - Recht

Es ist schwierig zu sagen,
was recht ist.

## Hırs - Habgier

So viele Fische leben im Wasser
und sind sicher;
nur wegen ihrer Gier nach dem Köder
werden sie gefangen.

## Sevgi - Liebe

Die schlimmsten Menschen sind beides,
allergisch und garstig.

### Iyilik - Güte

Wenn Du glücklich bist,
bringst Du Deinen Mitmenschen Glück;
wenn Du Sorgen hast,
bringst Du ihnen Sorgen.

### Söz - Wort

Die Worte eines Menschen enthüllen,
was in seinem Herzen ist.

### Kalp - Herz

Auch wenn Dein Mantel alt ist,
wird Dein Herz immer neu, frisch und rein sein.

### Terbiye - Zähmen

Bildung ist Haltung des Gemüts.

### Tevazu - Demut

Ich wollte Majestät
und fand sie in der Demut.

### Iyi Huy - Feinheit

Werde stark ohne Gewalt,
und werde sanft, ohne deshalb verletzlich zu werden.

## Cömertlik - Grossherzigkeit

Wer freizügig gibt,
wird ein grossherziger Mensch werden.


## Vicdan - Gewissen

Der wachsame Beobachter unserer schlechten Taten
ist unser eigenes Gewissen.


## Ziyaret - Besuch

Häufige Besuche machen überdrüssig,
seltene Besuche bringen Zweifel in unsere Freundschaft.


## Zulüm - Grausamkeit

Auch wenn Du tausend Grausamkeiten erlebst,
erlaube Dir nie, selber grausam zu sein,
weder mit Dir selber noch gegenüber anderen.


## Etki-Tepki - Aktion-Reaktion

Die Welt ist wie ein Berg,
unsere Handlungen bringen einen Klang hervor;
wenn wir laut den Berg anschreien,
wird sein Echo genauso laut zu uns zurückkommen.


## Kalp - Herz

Die Bruderschaft der Menschen im Herzen
ist höher als das, worüber sie sich in Worten einig sind.

### Komşu - Nachbar

Gute Nachbarn sind besser als achtlose Verwandte.

### Dost - Freund

Der Schlag eines Freundes tut weh.

### Kitap - Buch

Eine Bibliothek macht ein ganzes Gefängnis unnötig.

### Kitap - Buch

Ein Heim ohne Bücher ist wie ein Körper ohne Seele.

### Kitap - Buch

Jene Bücher helfen uns,
die uns zum tiefen Denken schubsen.

### Kitap - Buch

Bücher sind wie Pflanzen, die nie verwelken.

### Kitap - Buch

Ein Buch ist wie ein Brief,
an die Zukunft gesandt.

### Dua - Gebet

Wenn Dein Herz gebrochen ist,
erhebe Deine Hände im Gebet.
Weil Gott all seine Gnade und Barmherzigkeit jenen gibt,
deren Herz gebrochen ist.

## Anne - Mutter

Wenn Du Deiner Mutter nicht dankbar bist,
bist Du auch nicht dankbar gegenüber Gott.
Ohne Zweifel, ihr Recht ist auch Gottes Recht.

## Kader - Schicksal

Wenn Du versuchst, gegen Dein Los zu kämpfen,
dem Schicksal den Kopf abzuschlagen,
wirst Du fallen und Dich in Deinem eigenen Blut wiederfinden.

## Öfke - Zorn

Dein Zorn ist der Same des Höllenfeuers.
Bringe Wasser, zähme Dich und lösche diese Hölle!

## Gerçekler - Wirklichkeiten

Das Auge, das den Ozean betrachtet, sieht das Eine;
das Auge, das die Gischt betrachtet, sieht etwas Anderes;
gib die Gischt auf und betrachte den Ozean.

## Dua - Gebet

Das Gebet eines reinen Herzens ist frei von Krankheit
und erreicht Gott, in dem alle Grösse ist;
und sein Gebet wird angenommen.

## Nimet - Segen

Sei bewusst und wachsam
gegenüber Seiner Barmherzigkeit.
Wer würde schon jemanden segnen,
der nicht einmal dankbar ist?

## Kötü kişiler - Schlechte Menschen

Das Üble wird zur Gewohnheit für arme Leute.
Tu ihnen einen Gefallen,
und sie werden Dir Übles zurückgeben.

## Kaza - Unfall

Wenn ein Unfall uns trifft,
blendet er unsere Augen,
und wir können nicht einmal
den Kopf vom Fuss unterscheiden.

## Allah`ın yardımı - Hilfe Gottes

Auch wenn Du Sultan, König oder Königin bist;
Deine Gier hält Dich fern von der Barmherzigkeit Gottes.

## Doğru söz - Das rechte Wort

Das rechte Wort bringt unserem Herzen Erleichterung.
Rechte Worte kommen von guter Arbeit aus dem Herzen.

## Dua - Gebet

Wenn Du achtlos betest,
bleibst Du kalt und wertlos.
Gebete voller Achtung kommen
aus einem warmen Herzen und aus Liebe.

## Sevgi - Liebe

Liebe ist eine Qualität des menschlichen Mitgefühls;
Zorn und Lust sind Merkmale von Tieren.

## Tövbe - Reue

Wenn Du spürst,
dass Dein Leben sich von Dir entfernt,
erinnere Dich an Deine Wurzeln.
Beeile Dich und bewässere Deinen Lebensbaum
mit dem Wasser der Reue.

## Gönül - Herz

Oh ihr Reinen und Tugendhaften!
Ein Lächeln ist verborgen in einem reinen Schrei!
Geht und sucht diesen Schatz in den alten Ruinen!

## Takım çalışması - Zusammenarbeit

Wenn einer unserer Aphorismen
als schön betrachtet wird,
ist es wegen dem, der zuhört.
Ein Lehrer legt all seine Seele und sein Herz
in sein Werk wegen seinem Schüler.

## Heva Heves - Begierde

Zweifellos tut es weh, Begierde aufzugeben;
doch der Schmerz ist besser,
als von Gott getrennt zu sein.

## Hz Muhammad

Der heilige Qur'an ist wie meine Haut,
so lange ich am Leben bin.

Ich bin Erde auf dem Pfad des Propheten Muhammad,
er ist der Auserwählte Gottes.
Wer nicht so fühlt, mit dem habe ich Mitleid
und kann nicht verstehen, was er sagt.

Oh Mustafa!
Sei der Kapitän in diesem Ozean der Freude!
Weil Du bist ein zweiter Noah.
Intellekte sollten geführt werden,
vorallem wenn wir auf dem Meer reisen!

Du bist Khidr unserer Zeit,
Du streckst Deine Hand aus zu jedem Schiff in Not.
Du bist wie ein Leuchtturm vor dieser Menschheit,
Du scheinst wie die Sonne.

Oh, Prophet!
Der rechte Pfad ist wie der Berg Kaf, und Du bist Phönix.

Oh Du Heilung!
Lasst uns nicht Patienten ausnutzen,
nehmen wir nicht den Blindenstock,
um in Zorn zu verfallen und taub zu werden;
bringen wir Frieden zu denen,
die nicht sehen können in dieser Welt.

## Kanaat - Überzeugung

Der Prophet sagt, Überzeugung ist ein Schatz.
Können alle diesen verborgenen Schatz erreichen?

## Af - Vergeben

Wenn Du Dich aus Schwierigkeiten befreien willst,
beklage Dich nicht.
Bleib dabei, dass Du ein grosses Herz hast,
vergibst und grosszügig bist.

## Iyi Huy - Feiner Charakter

Bleib immer nahe bei Menschen von feinem Charakter.
Schau das Rosenöl an, wie es eins geworden ist
mit dem Charakter der Rose!

## Sadaka - Almosen

Wenn Du gibst, wird Dein Besitz nie kleiner.
Gut zu sein macht nie klein,
es rettet Dich davor, Dich selber zu verlieren.

## Ölüm - Tod

Vögel fallen tot um im Käfig,
so nimmt der Besitzer sie heraus
und sie fliegen frei davon;
so wird es für mich sein,
wenn ich diese Welt verlassen werde.

## Gönül - Herz

Wenn Rosen in der Erde wachsen,
blühen sie und verwelken dann.
Schau, wie wunderschön und ewig die Rosen sind,
die in unserem Herzen wachsen!

### Dost - Freund

Deine Besitztümer kommen nicht mit Dir,
nicht einmal aus Deinem Haus;
doch Dein Freund wird mit Dir kommen,
sogar bis zu Deinem Grab.


### Eylem - Tätigkeit

Weder Haselnüsse noch Walnüsse
zeigen Dir, was in ihnen steckt;
sie geben auch ihr Öl erst heraus,
wenn Du sie aufbrichst.


### Güç - Kraft

Da ist ein Schleier vor der Sonne,
weil sie so intensiv scheint und aktiv ist.


### Hoşgörü - Langmut

Es gibt unterschiedliche Formen der Nähe.
Die Sonne scheint auf Berge, auf Sand und auf Gold.
Die Sonne fühlt sich beiden nahe,
dem trockenen und dem feuchten Ast.


### Özlem - Sehnsucht

Ich mache mir Sorgen
über die Sehnsucht meiner Seele;
ich möchte ihr erklären, Schritt für Schritt,
was ihr helfen könnte, dieses Gefühl
des Getrenntseins zu überwinden.

## Sanat - Kunst

Wenn wir Kunst betrachten,
werden wir sehen,
dass es sicher ein Meister war,
der die Weisheit der Kunst lehrte.

## Deli - Verrücktheit

Wenn Du einem Verrückten
die Waffe aus der Hand nimmst,
wirst Du mit Frieden gesegnet sein.

## Inanç - Glauben

Wenn Vertrauen Dein Gemüt erhellt,
wirst Du Gerechtigkeit hüten;
so ist es der Hüter der Stadt Deines Herzens
und auch ihr Herrscher.

## Zaman - Zeit

Sage nicht, ich werde es morgen tun;
so viele 'morgen' sind schon vergangen.
Sei wachsam, so dass Du
die Zeit zum Pflanzen nicht verpasst.

## Dinlemek - Zuhören

Wenn Du sprichst, strebe nicht nach Überlegenheit.
Zuhören steht höher als Sprechen.

## Acele - Eile

Wenn Du langsam gehst,
ist das Licht Gottes mit Dir;
wenn Du in Eile bist,
reagierst Du auf den Fusstritt eines Teufels.

## Şehvet - Sinnlichkeit

Ein edles Gemüt hält seine Sinne fein und lebendig.
Rohe Lust erlaubt Dir nicht, gerade zu stehen.

## Takım çalışması - Zusammenarbeit

Wie kann das grüne Gras lächeln,
wenn die Wolken nicht weinen?
Wie kann Milch aus Mutters Brust hervorschiessen,
wenn das Kind nicht weint?

## Sanat - Kunst

Hallo Weiser!
Wenn Du wahre Kunst erreichen willst,
helfe allen anderen, sie zu erreichen.

## Eğitim - Erziehung

Viele Kinder gehen nicht gerne in die Schule;
sie können den Nutzen davon noch nicht erfassen.

## Allah - Gott

Es gibt kein besseres Schloss, als in Gott zu wohnen;
mach dieses Schloss zu Deinem Land.

## Sanat - Kunst

Hey Bruder, such die Perlmutter,
wenn Du die Kunst eines Meisters sehen willst.

## Teçrübe - Erfahrung

Das Gemüt eines alten Menschen hat zwei Flügel;
auch wenn er in Eile ist,
fliegt er mit ihnen zum Erhabenen.

## Vatan Sevgisi - Liebe zum eigenen Land

Jene, denen Reinheit und Würde fehlt,
können keine Liebe für ihr Land empfinden;
so ist es weise, sich von ihnen fernzuhalten.

## Dünya - Welt

Ein Mensch in dieser Welt ist arm und ängstlich;
es gibt keinen Grund, sich vor Dieben zu fürchten.
Wir kommen nackt in diese Welt
und wir gehen wieder nackt.
Weshalb also Angst haben davor,
dass uns jemand etwas nimmt?

## Verim - Resultat

Sei Himmel, sei Wolke, und Du wirst regnen.
Das Abflussrohr wird auch nass, doch bringt es nichts.

## Mesnevi - Mathnawî

Wenn Du durstig bist und im Ozean schwimmst,
hat der Mathnawî Dir ein Fenster geöffnet,
vom Ozean zu Deinem Inneren Raum.

## Gayret - Anstrengung

Wir haben unsere Bestimmung,
und wir haben unser aktives Handeln in der Welt;
hören wir also genau in unser Inneres, was was ist.
Wir sollten nicht so blind sein wie ein Teufel.

## Sabır - Geduld

Die Stille des Mondes in der Nacht
bringt sein Licht hervor.
Die Geduld der Rose gegenüber ihren Dornen
bringt ihren wunderbaren Duft hervor.

## Dost - Freund

Viele fallen auf die süssen Worte eines Dummen herein.
Diese Worte sind wie alter, verdorbener Wein.

## Gönül - Herz

Jener, der von seinem wahren Freund getrennt ist,
hat keine Stimme, auch wenn er hundert Lieder singt.

## Söz - Wort

Wenn ein Wort einmal über Deine Lippen gegangen ist,
ist es wie ein Pfeil, der vom Bogen geschnellt ist;
er wird nie mehr zurückkehren.

## Gönül - Herz

Dein Herz führt Dich
ins Land des Herzensfriedens;
Dein Körper hält Dich beschränkt
zwischen Erde und Wasser.

## Güçsüzler - Kraftlos

Denke nicht,
dass machtlose Menschen keinen Helfer hätten;
wenn sie Hilfe brauchen,
kommen die Soldaten des Himmels.

## Aşk - Liebe

Wenn Du keinen Liebesschmerz empfinden kannst,
bist Du wie ein Vogel ohne Flügel.
Wie schade für Dich!

## Ahid - Vereinbarung

Wenn Deine Abmachung auf Unrecht beruht,
ist sie wie faulende Wurzeln.
Ein Baum mit faulen Wurzeln
wird nie Früchte hervorbringen.

### Allah aşkı - Liebe zu Gott

Entscheide Dich für die Liebe zu Gott,
weil alle Propheten deswegen
mit Ruhm und Ehre gesegnet wurden.

### Bakış açısı - Sichtweise

Ein Kind hat Angst vor dem Skalpell eines Chirurgen;
doch die mitfühlende Mutter spürt seine Not
und hilft ihm, zu verstehen
und Erleichterung zu empfinden.

### Sevgi - Liebe

Staub legt sich wegen der Liebe,
Leid wird durch Liebe geheilt,
Tote kommen zum Leben durch Liebe,
ein Sultan wird zum Sklaven wegen der Liebe.

\*     \*     \*

# Danke

Nun, liebe Freunde, das war ein wunderbares Jahr, diese ersten neun Monate brachten viel Wasser, um das waschen zu können, was in unserer Gesellschaft mehr und mehr stecken zu bleiben droht. Wir stehen mitten in grossen Veränderungen, wir können das Rad der Zeit nicht zurückdrehen; all die Menschen, die zu uns gekommen sind, sie leben ihr Leben nun hier, in welche Kategorie wir sie auch stecken.

Wir haben viel Wasser aus dem Ozean geschöpft, weil wir davon ausgingen, dass er sowieso uns gehöre. Nun müssten wir ihn wieder füllen können, dass er nicht zur Wüste verkommt. Wir müssten das Flussbett vertiefen können.

Ich freue mich sehr, 'Dost' kennengelernt zu haben, und für all die Menschen, die mich darin gelehrt haben, ist mein Mund zu klein, um ihnen meine Dankbarkeit zeigen zu können. So arbeite ich einfach gerne an dem, was hier entstanden ist, meine Form, Dankbarkeit ausdrücken zu können; ein Lebensjahr gut genutzt, mit der Freude, mehr Wasser gebracht als Wasser genommen zu haben.

*'Wenn wir die Tiefe des Lebens erforschen, erkennen wir, dass alle Seelen danach streben, die Bedeutung des Lebens zu erkennen. Der Wissenschaftler betrachtet und sucht danach im Bereich der Wissenschaft, und der Künstler findet sie in seiner Kunst. Welch unterschiedliche Interessen Menschen auch haben mögen, ist ihr einzig wirkliches Streben danach, die Bedeutung des Lebens zu finden.'*

*'Bestimmung können wir in zwei Aspekten betrachten: Der eine ist der Mechanismus, der das Schicksal aktiviert, und der andere ist die Seele, die es verwirklicht. Daher ist der Mechanismus die Maschine, und die Seele darin der Ingenieur, der mit diesem Mechanismus arbeitet und das hervorbringt, was hervorzubringen ist. Es gibt viele Methoden und Wege, die ein Mensch anwendet, so dass er erkennen und verstehen kann;*

*und das Gemüt ist das Gefährt, das Instrument, mit dessen Hilfe er das Leben erfährt und diese Bedeutung erfüllt.'*

Diese Auszüge stammen aus den Lehren eines Menschen, der mir überhaupt Mevlânâ Jelâleddin Rûm-î so nahe gebracht hat, dass ich glaube, verstanden zu haben, wie wir Schönheit herausarbeiten können in unserem Leben. Unten habe ich dafür nochmals die Werkzeuge abgebildet dazu. Und so ist dieses Buch entstanden, mit genau diesem Wunsch:

### Kitap - Buch

Ein Buch ist wie ein Brief,
an die Zukunft gesandt.

Mit herzlichen Grüssen                    Puran